ABC der Tiere

Lesen in Silben

Erarbeitet von
Rosmarie Handt
und
Klaus Kuhn

Illustriert von
Ingrid Hecht

Mildenberger

Sahni Quark
250g
Jogurt
Jogurt
Sahni Butter
Sahni Butter
250g
Voll Milch
1,0l

mu

mu

mu mu

mu mu mu

mu mu mu mu

Mi
mi

mi

Mi mi

mu mi mu mi

mi mu mi mi mu

Mo
mo

mo

Mo mo

mu mo mi

mo mu mu mi

mi mo mo mu

Streichelwiese

Ma
ma

ma

Ma ma

ma mu mi

ma ma mo mo mi

mi mi mo mu ma

Me
mo

Me mo

me mu me

me mi me ma

me mo me mu

ma me mi mo mu

L l

la

la la la

la lo la lo

la lu la lu li

Li lo la la li la lu

Li mo

La ma

E e

i a i a

E e

la le li le li la

la le li lo lu

Mo mo ma le li la

Mo mo ma le Ma ma

Tt

u U

tu tu

ta tu ta tu

ta ta te te ti

ta te ti to tu

Ti lo Te le To to

Ti mo To ma te

R r

ri ra ru

ra te ra te

ra ma la la

ra ro ru re ri

Ta ma ra Ta mi ra

Ra ma Ro ma Ru mi

Ti mo ra te ! Lo ra ma le !

Ri ta Ma ma Ro mi

S s

sa so su se si

sa la so lo sa lu

sa ma su mo se mi

Sa la mi Su si

Li sa ra te !

Ma ma ra te !

Su si ma le li la !

Ri ta ra se los !

Was ist los ?

W w

wau wau wau

Wau wau

wo wa wo wa wi

we wi wa wo wu

wa we wi wo wu

Was ist los ?

Wo ist Ti mo ?

Wo ist Wi to ?

Was tut Ur su la ?

Ur su la malt To to.

Du del

D d

da du da

di del du del da del

das der du da

Da me Do ra Do ris

Was ist mit Do ris ?

Do ris ist da.

Wo ist der Wurm ?

Der ist im Turm.

N n

na nu   na nu

Ni na   Ne na

Na me   Na se   Na del   Nu del

Ma ri na   und   Mo na   ma len   Tan nen.

Si na   und   No ra   ma len   E sel.

Was   malt   Wer ner ?

Wer ner   malt   das   La ma.

Was   malt   Su san ne ?

Su san ne   malt   Son ne   und   Mond.

Ru di   und   Ro sa   ma len   ro te   Ro sen.

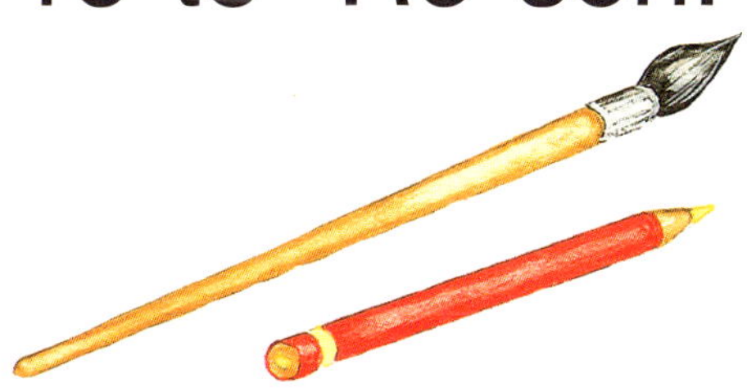

Wir re den mit E mil.
Wir wol len Was ser.
Wir wol len Tor te mit Li mo.

Tel ler

Tas se

Mes ser

Was ser

Wan ne

Rol ler

es sen

Im Winter

Der Winter ist da.
Wer ist das ?
Unten ist er rund.
In der Mitte
ist er rund.

Es ist der …
Das ist der …

Werner und Lisa
malen den …

Im Winter

Wer ist das ?

Das ist der ...

Was ist das ?

Das ist der ...

Was ist das ?

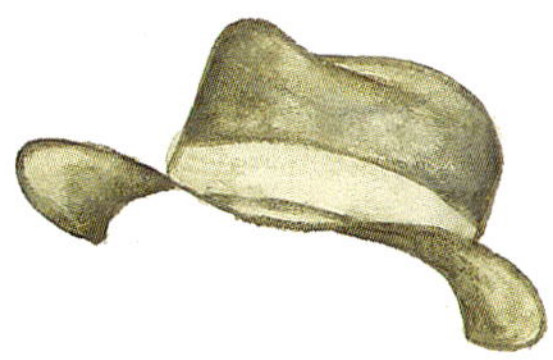

Das ist der ...

Was ist das ?

Das ist der ...

Was ist das ?

Das ist der ...

Der erste Schnee

Der erste Schnee ist da.
Simon nimmt den Schlitten.
Marina nimmt den Schlitten.
Alle rennen los.
Schlitten sausen
in das Tal.

Sch
sch

Der Schlitten saust
schneller und schneller.
Simon landet im Schnee.
Schnee ist in der Nase.
Schnee ist im Mund.
Ist das toll !

Alles ist leise.
Lisa und Reiner
sind allein. Was sollen
Lisa und Reiner tun ?

Wir wollen reimen :

leise – Meise
Leiter – Reiter
meine – deine
weinen – scheinen

Ei ei

Reiner meint : Wir reimen weiter. Das ist toll.
Sei leise.
Das ist eine Meise.

Nein, nein !
Lisa malt ein Nest und schneidet es mit der Schere aus. 1 2 3 –
Was ist im Ei ?

Alle lesen.
Niki und Karin lesen.

Niki und Karin wollen
alle Karten mischen.

Wir malen Karten an.
Wir wollen alle Karten
kennen lernen.
Das ist schwer.

Kleine Kinder essen
Kerne.
Kakadus knacken Kerne.

K k
ck

Kinder lecken Eis. Alle
Sorten schmecken lecker.

Alle Kinder schlummern.
Der Wecker tickt leise :
ticke, tacke, ticke, tacke.

Alle Wecker rasseln.

Am Abend

Bastian ist allein.
Seine Eltern sind im Kino.
Bärbel ist bei Oma.
Was soll er nur tun?
Soll er das Radio einschalten
oder lesen?

Da kommt Bärbel.
Beide wollen Abendbrot
essen.
Bastian meint:
Wir wollen Brot backen.

B b
ä

Bärbel nimmt alle kleinen
Brote. Bastian schaltet den
Backofen an.
Bald sind alle Brote braun.
Bärbel schneidet das Brot
in Scheiben.
Bastian will das Brot mit
Butter essen.

Schon kommen beide Eltern.
Mutter meint: Meine Kinder
sind tolle Bäckermeister.
Kleine Brote schmecken lecker.

Bei den Eskimos

Eskimos leben im Norden.
Dort ist im Sommer immer Sonnenschein.
Im Winter ist es dunkel und bitterkalt.
Der Mantel aus Fellen ist warm.

Eskimos wollen frische Fische essen.
Eskimos müssen fischen.
Fische schwimmen unter der
Eisdecke. Wo ist das Eis offen?

F f
ü

Kleine Futterbrocken sind an der dünnen Schnur. Fische wollen das Futter fressen.
Frische Fische schmecken fein.

Am Abend feiern alle Eskimos ein Fest. Alle schreiten im Kreis und werden schneller und schneller.

Schule ist aus

Klaus und seine Kameraden
kommen aus der Schule.
Auf einmal ruft Timo:
Klaus, schau, auf der
anderen Seite ist dein Bruder.
Er wartet am Auto.
Klaus saust sofort los.
Er schaut nur auf das Auto.

Au au

Was ist los?

Klaus schreit laut:
Au, au mein Daumen.
Sein Bruder kommt schnell und schaut auf den Daumen. Der Daumen blutet. Martin wickelt eine Binde um den Daumen.
Nun ist es besser.

Geister im Turm

Es ist Abend. Der Mond scheint. Gabi und Gisela treffen sich am Turm. Beide warten auf Günter und Robert. Alle Kinder wollen das Fest der Geister feiern.

Gisela und Gabi schlagen Nägel ein. Gelbe und grüne Girlanden schmücken den alten Turm. Schaurige Laternen sind auf der Gartenmauer.

G g
h

Günter holt Laken.
Los, wir hüllen uns ein,
sagen Gabi und Gisela.
Schon kommen ihre Eltern.
Da beginnt der Geisterreigen:

hui – hui, hui – hui.

Gabi und Gisela gaukeln
hin und her. Den Eltern
gefällt es gut.

Günter und Robert grillen.
Alle essen eine feine Wurst.
Nun gehen Eltern und
Kinder gemeinsam heim.

Im Riesenland

Dieter schläft tief.
Aber was ist das?
Auf einmal kann er fliegen.
Dieter landet auf der Insel des
Riesen Timpetu. Was ist da los?

Auf einer grünen Wiese
sind riesige Tiere mit Riesenhörnern,
Bienen und Fliegen mit Riesenflügeln,
Regenwürmer wie Riesenschlangen.

ie ö

Timpetu füttert die Tiere.
Er ist höher als ein Turm,
hat Augen wie Scheinwerfer,
Hände wie Baggerschaufeln
und Schuhe wie ein Fischerboot.

Frau Timpetu schaukelt das
Riesenkind in der Wiege.
Es schreit laut.
Da rasselt der Wecker.
Es ist sieben Uhr.
Das war ein aufregender Traum.

Panne

Papa, Mama, Paula und Peter sind mit dem Auto unterwegs. Auf einmal hören sie es knallen und rappeln. Wir haben eine Panne, rufen Mama und Paula. Sie parken das Auto am Waldrand. Papa redet in das Telefon.

Wir müssen auf die Pannenhilfe warten, sagt Papa.

P p

Was sollen wir tun, fragen Paula und Peter. Schaut, da ist ein Ameisenhaufen, ruft Mama. Ameisen rennen über den Boden. Wespen schwirren um die Abfälle. Unter Blättern krabbeln Raupen. Sie fressen und fressen.

Mama sagt: Aus der Raupe wird eine Puppe. Aus der Puppe wird ein Schmetterling.

Wir müssen aufpassen, ob die Männer der Pannenhilfe kommen, sagt Peter.

Bald ist Ostern

Die Sonne scheint wärmer am Himmel.
Alle Blumen fangen zu blühen an.
Die Bäume bekommen Knospen.
Am hellen Morgen hören wir die
Amseln singen.

An Ostern wollen alle Kinder bunte Eier haben. Die Eltern malen die weißen Eier mit Farbe an. Hans und Heidi helfen der Mutter. Sie backen Lämmer, Hasen und Hennen im heißen Ofen.

H h ß

Am Ostermorgen liegen die Eier im Garten. Heidi und Hans holen die Körbe. Sie laufen in den Garten hinter dem Haus. Die Eltern schauen aus dem Fenster.

Hans findet seinen Osterhasen unter der Hecke. Heidi findet die Ostereier unter einem Haufen aus Blättern und Gras. Da sagen die Kinder:

Feine Eier hat der Has'
überall gelegt ins Gras.

Tiger in Indien

Tante Inge und Onkel Richard sind zu Besuch gekommen. Sie haben eine Reise nach Indien gemacht. Sie berichten über ihre Erlebnisse. Achim und Elke lauschen aufmerksam.

Wir haben Tiger im Dschungel gesehen. Sie sind dicht bei uns gewesen. Wir haben keinen Krach gemacht. Tiger weichen den Menschen aus.

ch

In der Nacht bewachen die Hirten ihre Herden. Sie fachen ein Feuer an. Tiger mögen das Licht und den Rauch nicht. Sie schleichen um das Lager und fauchen.

Achim sagt: „Ich habe Tiger im Tierpark gesehen. Wir lesen auch in einem Tierbuch. Elke und ich malen Bilder mit Tigern. Das ist toll.“

Wir wollen auch einmal nach Indien reisen.

Auf dem Bauernhof

Bärbel und Hans sind auf dem Bauernhof. Sie helfen Onkel Hubert. Hans füttert die Kühe. Bärbel holt Wasser für die Hasen.

Was ist das? In der Ecke ist ein Nest. Sieben kleine Häschen liegen darin. Die Kinder fragen Onkel Hubert: „Bekommen wir ein Häschen?“ Onkel Hubert sagt: „Sie müssen noch länger bei der Häsin bleiben.“

Ä ä

Nach einer Woche kommen
die Kinder mit den Eltern.
Bärbel und Hans wählen
ein weißes und ein
schwarzes Häslein aus.
Sie sind noch ängstlich.

Hans trägt die Häslein sorgfältig nach Hause.
Täglich sollen sie frische Blätter und Äpfel
bekommen. So gefällt es den Häschen.

Störche

Bei uns leben nur noch wenige Störche. Teiche und nasse Wiesen werden immer weniger. Störche finden nicht genug Frösche, Mäuse und Fische. Oft sterben Störche durch Stromleitungen.

Die kleinen Störche werden schnell groß. Die Storcheneltern bringen Futter in das Nest. Sie stehen im Nest und klappern mit den langen Schnäbeln. Stefan und Susanne beobachten sie still. Manchmal flattern sie auf der Stelle.
Wann werden sie zum ersten Flug starten?

St st
Sp sp

Im Spätsommer fliegen die Störche fort. Manche fliegen über Spanien. Andere fliegen über Istanbul in der Türkei. Alle überwintern in Afrika. Dort können sie genug fressen.

Stefan und Susanne sprechen oft über die Störche. Ob sie im nächsten Jahr wiederkommen?

Michael und Rita gehen zusammen in den Zoo. Sie zahlen an der Kasse. Welche Tiere sollen sie besuchen? Zwei Stunden haben sie Zeit.

Zuerst gehen sie zum Streichelzoo.
Alle Ziegen kommen an den Zaun.
Michael streichelt eine braune Ziege.
Sie hat ein zottiges Fell.
Rita hält ein Häschen im Arm.
Es zittert.

Z z

Die Kinder rennen weiter. Michael ruft: „Schau, da sind Pferde im Schlafanzug!“ Rita lacht und sagt: „Das sind doch Zebras!“ Im gleichen Gehege sind auch Warzenschweine. Sie haben große Zähne.

Danach beobachten sie die Meerkatzen im Affenhaus. Sie zanken und schreien.

Michael will noch die Löwen und Tiger anschauen. Rita besucht die Schlangen und Krokodile.

Nun ist die Zeit um. Sie gehen zum Ausgang zurück.

Max und Moritz

Max und Moritz sehen Maikäfer auf dem Baum. Sie schütteln die Käfer herunter und sperren sie in eine Tüte.

Die Lausbuben schleichen heimlich ins Schlafzimmer. Sie stecken die Krabbeltiere unter Onkel Fritzens Decke.

Spät geht er ins Bett und schläft gleich ein. Da kommen die Käfer aus der Tüte und kitzeln Onkel Fritz an der Nase. Er wacht auf und schreit: „Was ist da los?“

Er zündet seine Kerze an. Überall kriechen und fliegen Käfer herum.

Onkel Fritz packt einen Pantoffel und haut und trampelt alles tot.

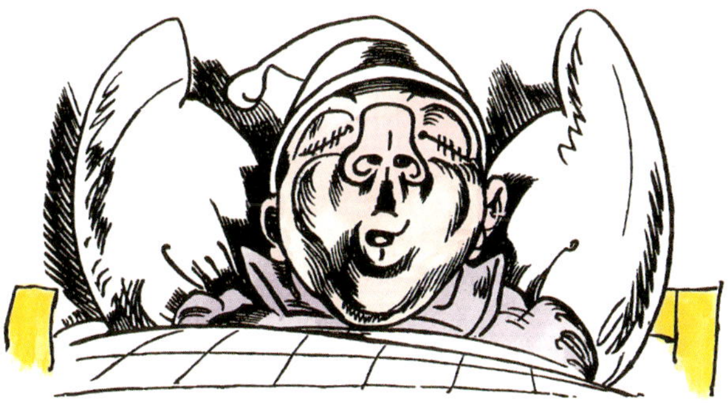

Nun kann er wieder ruhig schlafen.

nach Wilhelm Busch

Der letzte Streich

Der Bauer Mecke füllt eine Menge Getreide in Säcke. Max und Moritz schauen heimlich durch die Tür. Später schneiden die Lausebengel Löcher in die Säcke.

Der Bauer kommt zurück und will das Korn in die Mühle bringen. Aber was ist das? Der Sack auf seinem Rücken wird leichter.

Bauer Mecke findet die Schlingel im Getreide.

ng

Er schaufelt die Lausebengel in einen großen Sack und bringt sie zur Mühle.

Die Buben brüllen laut. Der Müller schüttelt die Bösewichter in den engen Trichter.

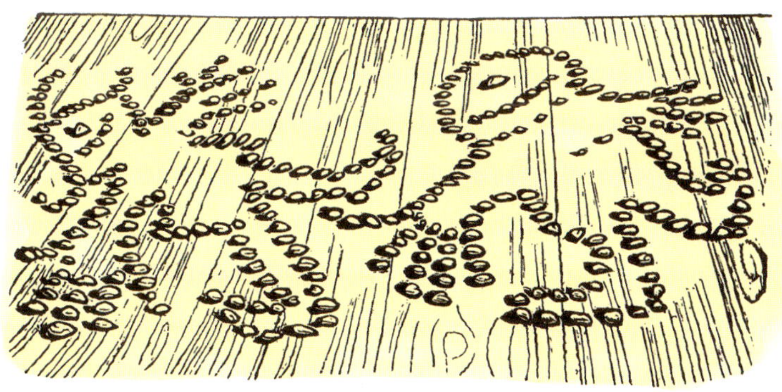

Rickeracke – rickeracke
geht die Mühle mit Geknacke.
Hier kann man sie noch erblicken,
fein geschrotet und in Stücken.

nach Wilhelm Busch

Die Geschichte vom Raben Jakob

Eines Tages wollte der Jäger Jürgen auf die Jagd gehen. Also zog er seine grüne Jägerjacke an, setzte seinen Jägerhut auf und hängte sich sein Jagdgewehr über die Schulter. Der Jagdhund Jockel sprang aufgeregt um ihn herum.

Der Rabe Jakob, der im Garten beim Försterhaus wohnte und sogar sprechen konnte, wäre auch gerne mitgekommen. Er krächzte immer: „Jakob, Jakob.“ Aber er musste zu Hause bleiben, weil er schon oft die Hasen gewarnt hatte.

J j

Jakob aber breitete seine Flügel aus und ließ sich vom Wind tragen. Er war schneller im Wald, als der Jäger und der Hund laufen konnten. Allen Hasen, die er unterwegs sah, rief er zu: „Lauft schnell weg!“ Alle Hasen rannten schnell weg.

Der Jäger und der Hund suchten im ganzen Wald und fanden keinen Hasen. Der Rabe Jakob aber saß hoch oben in einem Baum und krächzte laut: „Jakob, Jakob, Jakob!“

Eulen jagen in der Nacht

Neun Pfadfinder machen mit Sebastian einen Ausflug in den Wald. Sie wollen Tiere beobachten. Hinter einer alten Scheune ruft Eugen: „Da liegen komische Bällchen." Sebastian, der Gruppenleiter, eilt herbei und sagt: „Ich werde euch etwas zeigen!"

Er breitet sein neues Taschentuch auf dem Boden aus. Mit zwei Ästchen zupft er das Gewölle auseinander. Eugen staunt: „Das sind ja kleine Knochen!" Sebastian erklärt: „Eulen jagen in der Nacht. Sie überraschen die Beute und töten sie mit ihren spitzen Krallen."

Kleine Tiere schlingen sie mit Haut und Knochen hinunter. Was Eulen nicht verdauen können, wird im Magen zu einem Kloß zusammengebacken und wieder ausgespuckt. Einen solchen Kloß nennt man Gewölle."

Eugen sagt: „Jetzt sitzt sie sicher auf dem Heuboden der alten Scheune und ruht sich aus. Eulen sind sehr scheue Tiere!"

Beutetiere:

Vogelnest im Garten

Eva und Vater sitzen auf dem Balkon.
Sie verhalten sich ganz still.
Unten im Busch haben sie ein Vogelnest entdeckt. Der schwarze Amselvater füttert gerade vier junge Vogelkinder.
Sie sind noch nackt und blind. Weit sperren die Jungen ihre gelben Schnäbelchen auf.

V v

Die Vogeleltern bringen viele Raupen, Würmer und Käfer. Jeden Tag werden die kleinen Vögel größer und größer. Eine Woche später öffnen sich ihre Augen. Nach und nach bekommen sie Federn.

Eines Tages ist es so weit. Sie verlassen das Nest.
Vater sagt zu Eva:
„Kater Mikesch muss im Haus bleiben!“

Was Tiere träumen

Was träumen wohl die Mäuschen
in ihren Mäusehäuschen?
Wir wollen es verraten,
sie träumen von dem Braten
in unserm Küchenschrank.

Was träumen wohl die Kätzchen
auf ihrem Ofenplätzchen?
Wir wollen es verraten,
sie träumen von dem Braten
in unserm Küchenschrank.

äu

Was träumen wohl die Hündchen
in ihren Schlummerstündchen?
Wir wollen es verraten,
sie träumen von dem Braten
in unserm Küchenschrank.

Was träumt das ganze Häuschen,
träumt Hündchen, Kätzchen, Mäuschen?
Wir wollen es verraten,
sie träumen von dem Braten
in unserm Küchenschrank.

James Krüss

Die Frösche quaken

Eva und ihre Eltern wohnen in einer Villa. Das Haus steht in einem großen Garten. Aus einer Quelle fließt Wasser in einen Gartenteich. Jeden Abend hört sie die Frösche quaken.

Eva kann viele Tiere beobachten. Libellen schwirren durch die Luft. Vier Goldfische schwimmen im klaren Wasser. Frösche schnappen nach Fliegen.

Qu qu

Vater erklärt: „Die Froschmännchen haben zwei Schallblasen hinter den Mundwinkeln. Mit diesen können sie laut quaken. Damit werden die Weibchen angelockt. Sie legen im Frühjahr sehr viele Froscheier. Nach etwa drei Wochen schlüpfen die Kaulquappen aus. Später werden kleine Frösche daraus."

Qua, que, qui, quo, quu,
quaken Frösche immerzu!

Auf dem Ponyhof

Sylvia hat heute Geburtstag.
Sie ist nun sieben Jahre alt.
Mama schenkt ihr einen Teddy.
Von Papa bekommt Sylvia ein
Buch über Ponys. Im Buch
findet sie eine Reitkarte für
10 Reitstunden auf dem
Ponyhof.

Nach der Schule kommen
Sybille und Conny zur Party.
Sylvia bläst die Kerzen aus.
Alle essen Kuchen und
trinken Apfelsaft.

Y y

Dann gehen sie gemeinsam mit den Eltern zum Ponyhof. Die Besitzerin Yvonne Frey zeigt ihnen die vielen Tiere. Sylvia gefällt ein weißes Pony. Sie streichelt sein weiches Fell und ruft: „Auf diesem Pony will ich reiten!“ Frau Frey sagt: „Heute fahren wir lieber in der Kutsche. Reiten musst du erst lernen!“ Nach zwei Stunden gehen sie nach Hause. Sylvia sagt zu Papa: „Ponyreiten ist ein schönes Hobby.“

Clowns im Zirkus

Auf der Wiese am Stadtrand hat der Zirkus Carlos sein großes Zelt aufgebaut. Cornelia, Claudia und Nico gehen gemeinsam in die Vorstellung.

Zuerst kommt ein Cowboy mit vier braunen Pferden. Er lässt seine Peitsche knallen. Die Pferde galoppieren im Kreis.

Dann sind die Clowns dran. Sie heißen Piccolo, Sax und Co. Nico meint: „Die haben aber viel Kreme im Gesicht!“ Cornelia lacht und antwortet: „Das ist doch Schminke!“ Ein Clown spielt auf der Piccolo-Flöte. Ein anderer bläst das Saxofon. Der Co schlägt die Trommel. Bei jedem Schlag spritzt Wasser auf die Zuschauer. Sie rufen: „Bravo, bravo!“

„Echt gut“, flüstert Claudia Nico ins Ohr.

Hexe Trixi

Trixi will eine richtige Hexe werden. Sie kann schon viele Zaubersprüche. Beim Besenbinder Xaver kauft Trixi einen schönen Besen. Auf dem Heimweg will sie wie Abraxas fliegen, doch es gelingt nicht.

Abraxas sagt: „Du musst den Besen verhexen!“ Trixi schlägt das Hexenlexikon auf. Sie findet den richtigen Zauberspruch:

„Klix und klax – fix und fax,
Xavers neuer Besen – bist du nun gewesen!“

X x

Wie ein Wirbelwind saust die kleine Hexe mit dem Besen dahin. „Aufpassen, der Kirchturm“, schreit Abraxas. Trixi ruft: „Der Sausebengel ist mir durchgegangen. Ich muss ihn richtig einfliegen.“ Sie lenkt den Besen auf die freien Felder hinaus. Beim Hexenhaus gelingt ihr eine glatte Landung.

Trixi sagt: „Fliegen macht durstig. Ich mixe uns zwei Becher Hexenlimo!“

Die Bremer Stadtmusikanten

Es waren einmal ein Esel, ein Hund, eine Katze und ein Hahn auf dem Weg nach Bremen. Sie wollten dort Stadtmusikanten werden. Am Abend kamen sie in einen großen Wald. In der Ferne sahen sie einen schwachen Lichtschein. „Das wird ein Haus sein“, sagten sie und machten sich auf den Weg dorthin.

Der Esel schaute zum Fenster hinein und erblickte eine Räuberbande an einem gedeckten Tisch. Die Tiere beratschlagten, wie sie die Räuber fortjagen könnten. Der Esel stellte sich mit den Vorderfüßen

auf die Fensterbank. Der Hund sprang auf seinen Rücken. Die Katze kletterte auf den Hund. Endlich flog der Hahn hinauf und setzte sich der Katze auf den Kopf.
Auf ein Zeichen machten sie Musik:
ia – miau – wauwau – kikeriki.

Dann stürzten sie durch das Fenster, dass die Scheiben klirrten. Die Räuber erschraken und flohen in größter Furcht in den Wald hinaus.
Die vier Musikanten aßen die Reste.
Die Räuber trauten sich nicht mehr in das Haus zurück.
Die Bremer Stadtmusikanten blieben dort bis an ihr Lebensende.

Inhalt

Inhalt

Quellenverzeichnis

Was Tiere träumen, S. 72 / 73
Text: James Krüss
Aus „Das zweite Liedernest“
Fidula-Verlag, Boppard / Rhein
und Salzburg

ABC der Tiere

Ein integrierter Lese- und Schreiblehrgang

Erarbeitet von
Rosmarie Handt und Klaus Kuhn
Layout und Illustrationen von Ingrid Hecht

Zu diesem Lehrgang gehören:

	Bestell-Nr.
Lesen in Silben, Leselehrgang, Druckschrift, 88 S., vierf., FeEbd	**1402-90**
Arbeitsheft zu Lesen in Silben, Arbeitsblätter, Lernkontrollen ... , 104 S., perf, Br	**1402-91**
Lesezirkus, zus. Lesematerial zu Lesen in Silben, Druckschrift, 64 S., vierf., FeEbd	**1402-92**
16 Beilagen zum Leselehrgang, teilw. mehrf., kt	**1402-93**
CD-ROM zum Leselehrgang, Einzellizenz	**1402-94**
Arbeitsheft „Spontane Schreibung von Doppelkonsonanten", 24 S., mehrf., Gh	**1402-95**
Schreibheftchen: Mein Tierbüchlein, 16 S., mehrf., DIN A5, Gh	**1402-96**
Schreiblehrgang, Druckschr., 116 S., einf., Anlautscheibe (vierf.), perf., Br	**1402-81**
Schreiblehrgang, LA, 60 S., vierf., inkl. Sammelmappe und Anlautscheibe, gl	**1402-82**
Schreiblehrgang, VA, 60 S., vierf., inkl. Sammelmappe und Anlautscheibe, gl	**1402-83**
Schreiblehrgang, SAS, 60 S., vierf., inkl. Sammelmappe und Anlautscheibe, gl	**1402-84**
Handbuch Teil A, methodisch-didaktische Kommentare, 110 S., Ringbuch	**1402-70**
Handbuch Teil B, 197 Kopiervorlagen, Lateinische Ausgangsschrift (LA)	**1402-71**
Handbuch Teil B, 197 Kopiervorlagen, Vereinfachte Ausgangsschrift (VA)	**1402-72**
Handbuch Teil B, 197 Kopiervorlagen, Schulausgangsschrift (SAS)	**1402-73**
Silbenschieber, zur Demonstration, Groß- und Kleinbuchstaben, aus Holz	**1402-74**
26 Ankerbilder der Buchstaben, DIN A4, kt, Druckschrift, LA / VA / SAS z. Aufkleben	**1402-75**
20 Folien für die spontane Schreibung von Doppelkonsonanten, Ringbuch	**1402-76**
Arbeitsblätter zur Differenzierung, Kopiervorlagen, 156 S., Druckschrift, Ringbuch	**1402-77**

Bestell-Nr. 1402-90 · ISBN 3-619-14290-4
ISBN 978-3-619-14290-3 (ab 01.01.2007)

Auflage Druck 7 6 5 4
Jahr 2008 2007 2006 2005

Internetadresse: www.mildenberger-verlag.de
E-Mail: info@mildenberger-verlag.de

Druck: Koelblin-Fortuna-Druck, 76532 Baden-Baden

Gedruckt auf umweltfreundlichen Papieren.

N
W
O
S